シリーズ・
道徳と「いじめ」❸

しっかり取りくもう！

「モラル・コンパス」をもつ

監修／貝塚茂樹　著／稲葉茂勝　編／こどもくらぶ

ミネルヴァ書房

はじめに

これまで学校の道徳の時間では、「善悪の判断・自律・自由と責任、正直・誠実、個性の伸長、希望と勇気・努力と強い意志、親切・思いやり、友情・信頼、公平・公正・社会正義、よりよい学校生活・集団生活の充実、生命の尊さ」（文部科学省）などについて学んでいました。そうした学習の大きな目的のひとつは、「いじめ」をなくすためでした。

いじめは、わたしたちの生活のなかで、とても大きく深刻な問題です。しかし、人によっては、いじめがあることに気がついていなかったり、知らないうちに他者をいじめてしまっていたりすることもあります。学校の先生も、いじめで苦しんでいる人に手を差しのべることができないこともあります。そもそも「いじめ」って、どういうことでしょう。

子どもの自殺がおきてしまった学校で、その子がいじめられていたのではないかと問われた先生たちが、「いじめがあったとは思えない」といっているのを、みんなもニュースなどで見たことがあるのではないでしょうか？

いまのいじめの実態は、昔より深刻になってきたと、よくいわれます。その理由として、いじめがかくれておこなわれていたり、インターネット上でおきていたりするため、だれがいじめに関わっているのかわからないことがあげられます。

こうしたなか、「いじめをなくす授業」として、道徳的な読み物を読んで、その登場人物の心情を理解していくことで、「いじめは、ぜったいにすべきでない」という気持ちをつくっていくという学習が、道徳の時間におこなわれています。しかし、そうしたやり方ではなかなかいじめがなくならないのがいまの実情です。

「道徳」を辞書で引くと、「ある社会で、人々がそれによって善悪・正邪を判断し、正しく行為するための規範の総体。法律と違い外的強制力としてではなく個々人の内面的原理として働くものをいい、また宗教と異なって超越者との関係ではなく、人間相互の関係を規定するもの」（『大辞林第三版』）とあります。なんだかむずかしい！というより、そういった読み物を読む気になれないという人も多いのではないでしょうか。

さて、この「シリーズ・道徳と『いじめ』」をつくるにあたり、わたしたちは、いじめについて、みんなが考え、議論していくことを提案できないだろうかと、道徳やいじめについて研究されてきた貝塚茂樹先生のもとで、話しあいを重ねてきました。

いじめについて、みんなが「主体的・対話的に、より深く」考えていくための資料になり得る本をつくれないかと考えてきました。「主体的・対話的、深い学び」を学校の道徳にあてはめると「考え・議論する道徳」となります。

話しあいの結果、わたしたちは、いじめについて総合的に考えていくためのシリーズを次の３巻構成でつくることにしました。３巻目には、いじめ対策に取りくんでいる学校の「考え・議論する道徳」のようすも紹介することにしました。

子どもジャーナリスト
Journalist for children
稲葉茂勝

もくじ

「モラル」という言葉

このシリーズのタイトルは、道徳と「いじめ」。道徳はいいかえるとモラルとなります。シリーズ3巻では、その「モラル」について、それがつかわれるいくつかの言葉を紹介しながら考えてみます。

世界じゅうにある「モラル」という言葉

「モラル」は、英語でmoral、フランス語ではmoraleです。もともとはラテン語のmoresからきた言葉。それが世界じゅうに広まり、日本をふくむ多くの国でほぼ原語のままつかわれています。その意味は、おおむね道徳や倫理(→p5)とされています。

time walking around a place with no particular purpose, especially because you feel sorry for yourself: *Instead of moping around the house all day, you should be out there looking for a job.*

moped /ˈməʊped; *NAmE* ˈmoʊ-/ *noun* a motorcycle with a small engine and also PEDALS

mop·pet /ˈmɒpɪt; *NAmE* ˈmɑːp-/ *noun* (*informal*) an attractive small child, especially a girl

mo·quette /mɒˈket; *NAmE* moʊ-/ *noun* [U] a type of thick cloth with a soft surface made of a mass of small threads, used for making carpets and covering furniture

MOR /ˌem əʊ ˈɑː(r); *NAmE* oʊ/ *noun* [U] music that is pleasant to listen to, but is not exciting or original (the abbreviation for 'middle-of-the-road')

mo·raine /məˈreɪn; *BrE also* mɒˈreɪn/ *noun* [U, C] (*specialist*) a mass of earth, stones, etc., carried along by a GLACIER and left when it melts

moral /ˈmɒrəl; *NAmE* ˈmɔːr-; ˈmɑːr-/ *adj., noun*
■ *adj.* **1** [only before noun] concerned with principles of right and wrong behaviour: *a moral issue/dilemma/question* ◇ *traditional moral values* ◇ *a decline in moral*

ʃ shoe | ʒ vision | tʃ chain | dʒ jam | θ thin | ð this | ŋ sing

『オックスフォード現代英英辞典 第9版』
(オックスフォード大学出版局編、旺文社)

道徳の意味

「はじめに」でも述べた「道徳」の言葉の意味には、「善悪・正邪を判断し、正しく行動するための規範」とありましたが、善悪・正邪とは、どちらも正しいこと・正しくないことの意味です。みなさんは、なににもとづいて、善悪・正邪を判断しているのでしょう。次に「モラル」のつく言葉をみてみましょう。

どうとく[0]【道徳】①ある社会で、人々がそれによって善悪・正邪を判断し、正しく行為するための規範の総体。法律と違い外的強制力としてではなく、個々人の内面的原理として働くものをいい、また宗教と異なって超越者との関係ではなく人間相互の関係を規定するもの。②小・中学校において、道徳教育を行う教育課程。一九五八年(昭和三三)に設置。③(もっぱら道と徳とを説くことから)老子の学。**――いしき**[5]【道徳意識】〔ドイ sittliches Bewusstsein〕道徳上の善悪正邪を自覚的に知り、正や善を志向する心。**――か**[0]【道徳家】人に道徳を説く人。また、道徳を守る人。**――かんかく**[5]【道徳感覚】〔moral sense〕善悪や正邪を直覚的に識別できる、人間に備わった感覚。モラル-センス。→道徳感覚説。**――かんかくせつ**[8]【道徳感覚説】人間の倫理的判断の根拠を、同情心や利他心など道徳感覚に求め、それが良心であるとする説。イギリスのシャフツベリー・ハチソン・ヒュームらの倫理説に代表される。**――かんぜい**[5]【道徳関税】贅沢品の輸入に禁止的な意味でかける高い率の関税。**――きょう**【道徳経】⇩老子②。**――きょういく**[5]【道徳教育】社会において望ましいと考えられている価値観や価値体系に基づく意識や行動様式・生活態度の形成をめざす教育。**――しゃかいがく**[6]【道徳社会学】道徳現象を個人的・内在的な問題としてではなく、社会的状況との関連から社会現象としてとらえ研究しようとする社会学。フランスのデュルケーム学派が提唱した。**――しん**[4][3]【道徳心】道徳を守ろうとする心。善をなそうとする心。**――せい**[0]【道徳性】〔ドイ Moralität〕道徳法則にかなっていること。カントは外的

『大辞林 第三版』(三省堂)

モラル・ハラスメント (moral harassment)

「モラル」のつく言葉としては、このシリーズの２巻12ページでふれた「モラル・ハラスメント（モラハラ）」というのもあります。

「モラハラ」は、言葉や態度で他人を傷つけること。暴力をふるうのではなく、言葉や態度でいやがらせをするいじめをさします。「精神的暴力」「精神的虐待」といわれることもあります。

大人が精神的暴力をふるうと、犯罪とみなされる可能性が、子どもどうしの場合よりも高いのはいうまでもありません。近年、モラハラは、家庭や会社などあらゆるところで大きな話題になっています。

大人であれ子どもであれ、モラルといじめが深く関係していることは、たしかです。

モラリスト (moralist)

ピアノをひく人をピアニストというように、「モラルのある人」「モラルを大事にする人」のことを、「モラリスト」とよぶことがあります*。

モラリストは、いじめはしません(→p8)。

＊「モラリスト」という言葉は、もともと16～18世紀のフランスで、人間性と道徳に関する思索を随想風に書き記した一群の人びと（『大辞林 第三版』）という意味があるが、この本でいう「モラリスト」は、それとは関係ない。

モラル・ハザード (moral hazard)

英語には、モラル・ハザード（moral hazard）という言葉があります。これは「危険をさける仕組みをつくると、かえって注意が散漫になってしまい、事故がおこりやすい」といった意味でつかわれています。でも、この言葉は、日本語では、もともとの英語の意味と異なる「モラルの欠如」「道徳心の喪失」といった意味でつかわれています。

もとより、いじめは、モラル（道徳）が失われた（モラル・ハザード）状態でおこるのです。

モラル・コンパス (moral compass)

「コンパス」は、磁石の作用を用いて東西南北といった方位を知るための道具。また、「モラル・コンパス」は、「倫理基準」などと訳されています。

なお、「倫理」とは、人として守りおこなうべき道のことで、善悪・正邪の判断の規準となるものをさします。道徳と同じと考えてもよいでしょう。

最近注目 「モラル・コンパス」

2017年夏、「モラル・コンパス」という言葉を、テレビや新聞で見かけるようになりました。そのきっかけは、ある日本人女性の発言にありました。

1 2017年(平成29年)8月8日 火曜日 朝日小学生新聞 昭和42年5月12日第三

紛争地帯で仕事「おもしろい」

国連・軍縮部門のトップ 中満泉さん

核兵器禁止条約「深く議論を」

国際連合（国連）の軍縮部門のトップ・軍縮担当上級代表に今年、中満泉さんが就任しました。今月広島市と長崎市で行われる平和式典へ出席するために、就任後初めて日本を訪れた中満さんに3日、朝小リポーターのケン アマラルナさん（東京都府中市立府中第一小5年）がインタビューしました。（八木みどり、松村大行）

中満泉さん（右）にインタビューした朝小リポーターのケン アマラルナさん＝3日、東京都

朝小リポーター インタビュー

中満さんは1989年に国連に入り、難民の支援や、紛争地帯で治安を回復させる平和維持活動（PKO）の分野などで活躍してきました。さまざまな紛争地帯に足を運んでは、地域の代表や軍人らと交渉する仕事です。命の危険を感じる場面もあったそうですが「大変ではあったけど、つらいと感じたことはないです。変な言い方ですけど、おもしろかったです」と笑顔で話しました。

現在は、核兵器や地雷、化学兵器を減らしていくための仕事に取り組んでいます。上級代表は、国連本部で働く日本人の中では最高位の役職です。

7月には、中満さんが中心となり、核兵器禁止条約が採択されました。

唯一の被爆国である日本は、北朝鮮の脅威などを理由にこの条約の交渉会議には参加しませんでした。このことをどう思うかとの質問に対しては「日本国内で、この条約について議論し、深く考える機会を持ってほしい」と呼びかけました。

経験するのは重要

中満さんは小学生の時にも、被爆地の広島と長崎を訪れたことがあります。その時に資料館で見た写真は衝撃的で、今でも覚えているそうです。「勉強や、本を読むだけでなく、自分で見たり経験したりすることがとても重要だと思います」

中満さんは6日に広島市で行われた式典で、国連事務総長のメッセージを代読。条約が採択されたことにふれ、「被爆者の方々の英雄的な努力は、核兵器の使用がもたらす壊滅的な影響を世界に強く印象づけ、核兵器廃絶を目指す運動に貴重な貢献をした」と述べました。

おかしいことには声を上げよう

中満さんは先月、これまでの歩みをまとめた本を出版しました。その中で、紛争の現場では自分の「モラル・コンパス（倫理基準）」にもとづいて行動してきたと、たびたび記しています。時には国連の規則を破っても、困っている人を助けるために行動したこともありました。「規則がおかしいと思ったら、変えようと声を上げていかないと、世の中は変わらない。一人ひとりが勇気を持って声にしていくことが重要だと思います」

世界のために、みんなにもできることがあります。「いじめにあっている人や困っている人を見ておかしいと思ったら、『ちがうんじゃないの』と言う勇気を持ってほしい。1人、2人……いっしょに声を出したら、状況は変わるかもしれないし、世の中をよくしていけるかもしれません」

ケン アマラルナさんも、国連職員になることを目指しています。「紛争地帯での仕事や軍縮に関わる仕事は、危険で男の人のもの、というイメージが強いのですが……」と話すと、「現在は、紛争現場で働く若い女性もたくさんいます。女性だから無理だなんて考えないで」と勇気づけてくれました。

国際社会で活躍するためには、英語を完璧に使いこなせることに加えて他の言語も身につけることが必要だといいます。中満さん自身は、大学時代に初めて海外に行き、英語力をみがきました。「文通したり、ホームステイしたりして、友だちを作るといいと思います」とアドバイスしました。

コンゴ民主共和国のインド部隊基地のまわりで避難生活をする難民の子どもたちと中満さん＝本人提供

中満さんの著書『危機の現場に立つ』（講談社、1512円）

かっこいいと思う

ケン アマラルナさんの感想「紛争地帯で命の危険もある中でもすぐ決断しなければいけないのに、それをある意味『おもしろかった』と言っていたことにびっくりしました。大変でも一生懸命にやるという思いがかっこいいと思いました」

世界陸上・男子100メートル

ボルト選手、最後は3位

陸上の世界選手権男子100メートル決勝が5日、イギリス・ロンドンであり、今大会を最後に引退する世界記録保持者のウサイン・ボルト選手（ジャマイカ）は9秒95で3位に終わりました＝写真右はし。「死力をつくして走ったが、これが現実。引き際ということさ」と話しました。優勝は、ジャスティン・ガトリン選手（アメリカ）でした＝写真左はし。

ボルト選手はオリンピックで、2016年まで100メートル、200メートルで3連覇。09年の世界選手権では100メートルを9秒58、200メートル19秒19の驚異的な世界記録を出しました。

また今大会の男子100メートルで日本勢の3人は、すべて準決勝で敗退しました。

（2017年8月8日付朝日小学生新聞）

中満泉さん

中満さんは2018年現在、国連事務次長です。国連という組織には、190か国以上から採用された多国籍の職員がおり、日本人も多く働いています。中満さんは、そうした日本人のなかで一番高い地位についています。

中満さんの仕事は、軍縮担当です。核兵器をはじめとする各国がもつ武器を、話しあいによって減らしていく任務についています。

その中満さんは、紛争の現場では５ページでふれた「モラル・コンパス」をもつということが重要だと考えています。

中満さんが語るいじめ

中満さんは著書のなかで、いじめについて、次のように書いています。

私が「勇気」について初めて学んだのは、小学３年生の時でした。（中略）ある日、クラスの男の子がお腹をこわしていたのでしょう、教室で大便をもらしてしまったのです。どうすればよいかわからなくて泣きながら立ちすくむその子を、「うわー、くっせえ」「バイキン！」とクラスメートが輪をつくってはやしたて、物を投げつけるなか、少し巻き毛のショートカットの女の子が「大丈夫だよ、心配しなくていいよ、さ、行こうね」と一人声をかけ、そっと教室から連れ出しました。はやしたてる輪には加わりませんでしたが、その場に凍りついて何も言えなかった私は、普段はとてもおとなしいこの女の子から本当の勇気がどういうものかを教わりました。

あなた方がこの女の子になってくれれば、日本の学校でいじめの問題は解決していくでしょう。　中満泉著『危機の現場に立つ』（講談社）

このようにいう中満さんですが、日本人の若い人たちに実行してほしいこととして、次のようなメッセージを発信しています。

あなたの周りの不正義に怒り、痛みや悲しみを共有し、あなた自身のパッション（強い思い・情熱）を育てること。そして、自分の価値観や行動を律する「モラル・コンパス」やあなた自身の個性をしっかりと持つこと。

界を創っていきたいのかを、考えている最中なのでしょう。

もし国際社会で国連のような組織に職業を求めるのが自分に適した道だと思う人がいるなら、3つのことをお伝えしたいと思います。

まず一つ目は、自分の信念と何をしたいのかをしっかりと考えること。これは自分の人生の目的を考えるということでもあるかもしれません。それには、ともかくいろいろなことを勉強すること、経験すること、考えることです。最初から「国連に入るために勉強する」のではいけないのです。勉強して考えた結果、見えてくるのが人生の目的なのだと思います。いろいろなことに参加して、経験して、感動する心を持つこと。あなたの周りの不正義に怒り、痛みや悲しみを共有し、あなた自身のパッション（強い思い・情熱）を育てること。そして、自分の価値観や行動を律する「モラル・コンパス」（→P25）や、あなた自身の個性をしっかりと持つこと。国連のような多文化の組織のなかでは、さまざまな価値観の人がいます。長く海外に暮らして仕事をしていると、実は多様な価値観にも多くの共通性があることがわかり、そうであればこそ私たちは尊重し合い共存・共生できるわけですが、あなたがあなたらしく生きていくには、あなた自身のしっかりした個、「核」のようなものが必要です。そして、これは表層的な「日本人らしさ」といっ

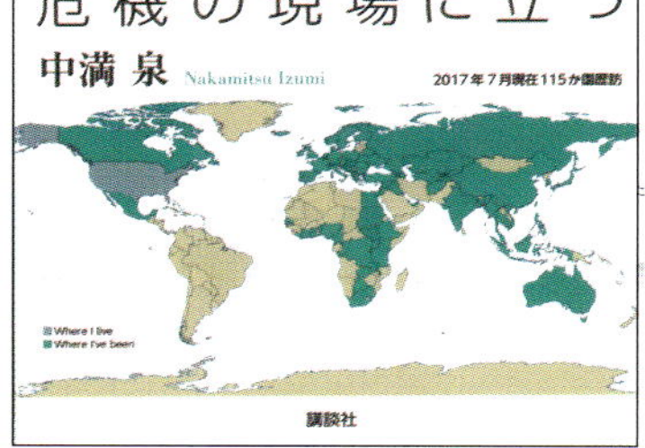

中満泉著『危機の現場に立つ』（講談社）

めざすは「モラリスト」!

5ページで記したとおり、「モラリスト」とは、「モラルのある人」「モラルを大事にする人」のことをいいますが、ほかに「まじめな人」という意味もあります。

「まじめな人」はいじめをしない?

「まじめな人」はいじめをしないかという問いに対し、だれもがすぐに「そんなことはない」「まじめな人だっていじめをする」と思うのではないでしょうか。

一般に「まじめな人」は、「悪いことをしない人」というイメージがあります。でも、「悪いことをしない人」なら、いじめをしないのでしょうか? いや、「まじめ」といわれている人でもいじめをすることがあります。

その背景には、次のようなことが考えられるといわれています。

●いじめをたいして悪いことだと思わない。

●いじめをしているという自覚がない。

「まじめな人」=「一生懸命にする人」

「まじめな人」というと「悪いことをしない人」というほかに、「なんでも一生懸命にする人」というイメージもあります。「全力で取りくむ人」といってもいいでしょう。

では、「全力でいじめをする」ということは、ないのでしょうか?

このシリーズの1巻では、魚や動物が全力でいじめをすることについて見てきました。また、動物だけでなく、人間も全力で(徹底的に)いじめをする例として、ジェノサイドについても考えてきました(→1巻p24)。

もとより、このページのテーマである「めざすはモラリスト」の「モラリスト」は、一般にいう「まじめな人」ではけっしてありません。そうではなく「いじめをしない人をめざそう!」という意味なのです。すなわち、この本では、「いじめをしない人」を「モラリスト」とよんでみたのです。

自分の行動を律する

7ページに紹介した中満泉さんは、「自分の価値観や行動を律する「モラル・コンパス」をもつこと」が重要だと書いています。

そのなかの「自分の行動を律する」を「いじめをしない」と置きかえてみます。

すると、いじめをしないようになるには、モラル・コンパスが最重要だといえることになります。つまり、モラリストになるには、モラル・コンパスが必要ともいえるのです。

では、モラル・コンパスをもつには、どうすればよいのでしょうか。もう一度、5ページで見た「モラル」がつく言葉について、自分の頭で考えてみましょう。

「モラル・コンパスとは？」

「モラハラとは？」

「モラル・ハザードとは？」

「モラリストとは？」

このシリーズの「はじめに」をもう一度

2ページの「はじめに」のなかには、「人によっては、いじめがあることに気がついていなかったり、知らないうちに他者をいじめてしまっていたりすることもあります」と書かれています。それは、このページの流れからいうと、その文の前に「まじめな人でも」とつけたすことになります。「まじめな人でも知らないうちに他者をいじめてしまっていたりする」と。これが、現実です。だからこそ、みんなのめざすものは、モラリストなのです。

ところで、学校の学習の仕方にはさまざまな方法がありますが、以前は、さまざまな知識を先生から教わったり、本を読んで学ぶ方法が多くおこなわれていました。でも、これからは、みんなが、自ら進んで考える学習が主流になっていきます。

5ページにある「モラル」「モラハラ」「モラル・ハザード」「モラリスト」などについての知識についても、ただ本を読んで学ぶだけでなく、自ら考えていかなければなりません。それも、みんなと話しあいながら学んでいくのです。それが「主体的・対話的で深い学び」といわれる学習の仕方です。

「はじめに」で記したとおり、シリーズ3巻目の本書では、いじめ対策に取りくんでいる学校の『考え・議論する道徳』のようすを見ていきます。次のページからは、6つの小中学校のいじめの授業を紹介します。

それらを参考にして、いじめについて自ら進んで多くの人と話しあいながら、より深く学んでいき、いじめをしない・させないモラリストをめざしてください。

道徳教育の授業レポート 1

よりよい友達関係を築くには

転校生のあゆみが携帯電話をもっていないのは、友達が少ないからだと思いこみ、みんなにメールを送ってしまったみか。相手の立場や気持ちを、教材（読み物）を読んで考える授業を紹介します。

携帯電話をもっていない転校生

福岡県の福津市立上西郷小学校では、６年生が読み物教材「知らない間の出来事」（文部科学省『私たちの道徳』）を読んで、登場人物の「転校生のあゆみ」、「みんなにメールを送り後悔するみか」、「メールを勘違いして事実と違うことを広めてしまったまわりのみんな」の３者がよりよい友達関係を築くには、どんなことを大切にしたらいいか考えました。

授業の前に自分の思いを書く

木下美紀先生は授業の前に「道徳アンケート」（左下）をおこない、クラスの１人ひとりの思いを確認しています。そうすることで、授業で考えを深めたり、考えがどう変わったのかを知ることができます。授業の最初には、「みなさんの友達関係はうまくいってますか？」とアンケートの結果を紹介し、いまある友達関係をさらによくするために考えてみましょうとよびかけました。

道徳アンケート　　年　組　番〔　　〕

○ これは、テストではありません。自分の思いを正直に書きましょう。

一 あなたは、友達関係がうまくいっていると感じていますか？（はい・いいえ）

二 それは、どんなときそう感じますか？ くわしく書きましょう。

三 そのときの気持ちは？（うまくいっているとき）

四 あなたは、友達関係がうまくいかないなあと感じることがありますか？（はい・いいえ）

五 それは、どんなときそう感じますか？くわしく書きましょう。

六 そのときの気持ちは？（うまくいかないと感じるとき）

七 いじめとは、どんなことでしょう？いじめに対してどんなことを思いますか。

八 インターネット（パソコンや携帯など）でこわい思いや嫌な思いをしたことがありますか？（はい・いいえ）

九 それは、どんなことですか？くわしく書きましょう。

道徳の授業で大切なことは、考えを深め、話しあうことです。子どもたちがどのような考えをもっているか大切にしています。授業では、最初に授業のめあてをみんなで読んで共有しています。同じ教材をつかっても授業は１回、１回ちがうものです。子どもたちの考えを引きだし、発言につなげていくことで、わたしも子どもたちも学ぶことができました。

どうすればよいか考える

小学校6年生

教材 読み物 「知らない間の出来事」

転校生のあゆみと、あゆみと仲よくなろうとしたみかのそれぞれの回想で構成されています。9月1日、お父さんの転勤で、新しい学校に転校してきたあゆみ。あゆみの自己紹介を聞いて、みかはあゆみと友達になりたいと、声をかけます。しかし、あゆみが携帯電話をもっていなかったために、みかは、前の学校では友達がいなかった子だろうと思いこみ、クラスの友達にメールを送ります。そのメールが友達から友達へとつながっていくあいだに、メールの内容が変化していきます。その結果、クラスみんなが、あゆみに対して「前の学校で仲間はずれになっていたので、この学校に転校してきたんだって」と、事実と異なるうわさをするようになってしまいます。

みかは、それを聞いてはっとしました。自分が書いたメールが原因でいつのまにかあゆみを傷つけることになってしまったからです。

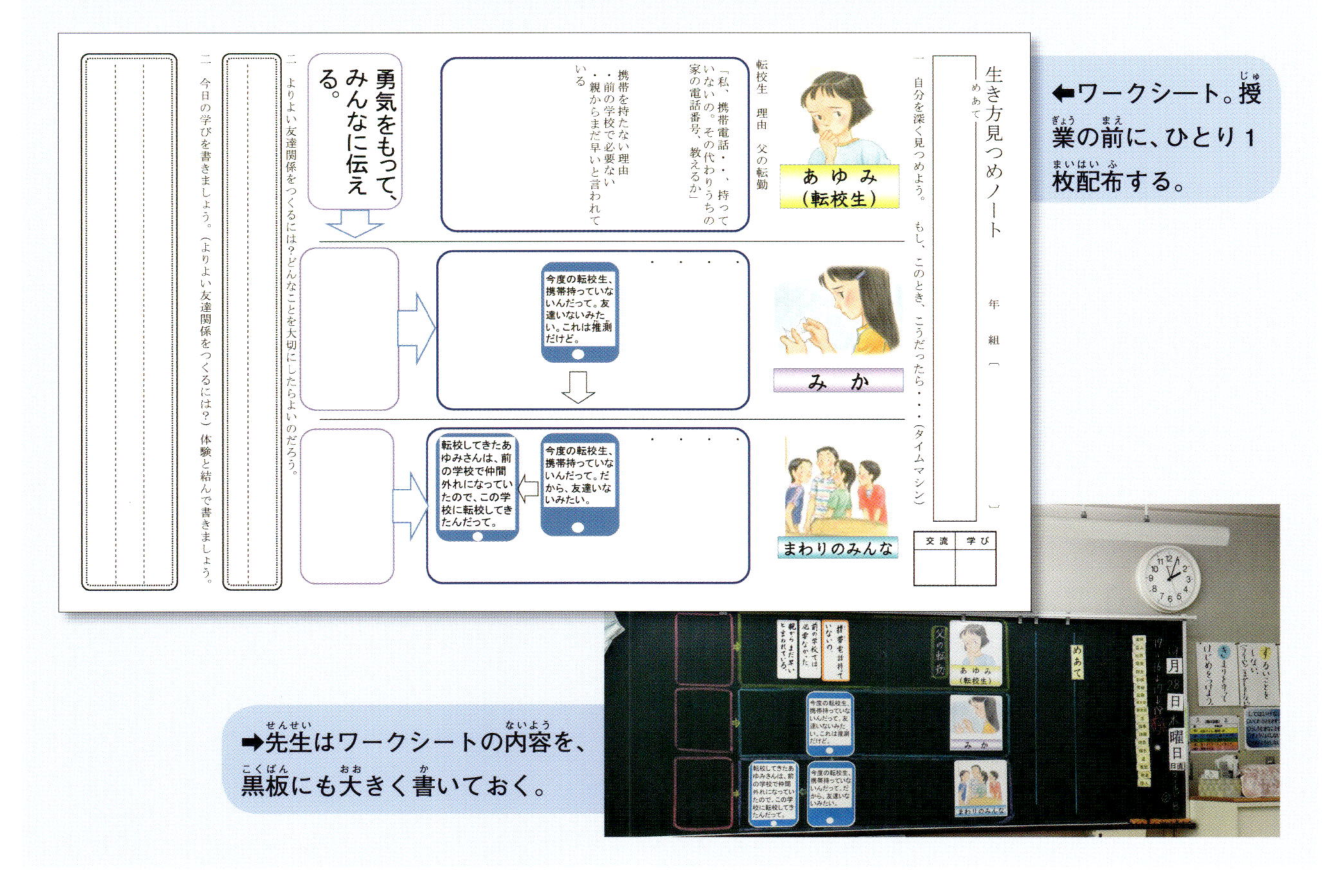
生き方見つめノート

年　組（　　）

めあて

一　自分を深く見つめよう。もし、このとき、こうだったら・・・（タイムマシン）

あゆみ（転校生）

転校生　理由　父の転勤

「私、携帯電話・・、持っていないの。その代わりうちの家の電話番号、教えるか」

携帯を持たない理由
・前の学校で必要ない
・親からまだ早いと言われている

勇気をもって、みんなに伝える。

みか

今度の転校生、携帯持っていないんだって。友達いないみたい。これは推測だけど。

まわりのみんな

今度の転校生、携帯持っていないんだって。だから、友達いないみたい。

転校してきたあゆみさんは、前の学校で仲間外れになっていたので、この学校に転校してきたんだって。

二　よりよい友達関係をつくるには？どんなことを大切にしたらよいのだろう。

三　今日の学びを書きましょう。（よりよい友達関係をつくるには？）体験と結んで書きましょう。

交流	学び

⬅ワークシート。授業の前に、ひとり1枚配布する。

➡先生はワークシートの内容を、黒板にも大きく書いておく。

授業の流れ（45分）

授業の前に教材「知らない間の出来事」を読んでおく。道徳アンケートを書いて提出する。

1 先生が友達関係について、事前の道徳アンケートの結果を紹介。友達関係がうまくいっていること、うまくいかないことについてどんなときか話しあう。今回の授業のめあて「よりよい友達関係を築くために大切なこと（心）について考えよう」をみんなで確認して、ワークシートに書いて、読みあげる。

2 教材「知らない間の出来事」をもとに3者の状況と問題点を確認。もしタイムマシンで過去にもどるとしたら、ここがうまくいくとよかったというところを、班で話しあい、ワークシートに書く。

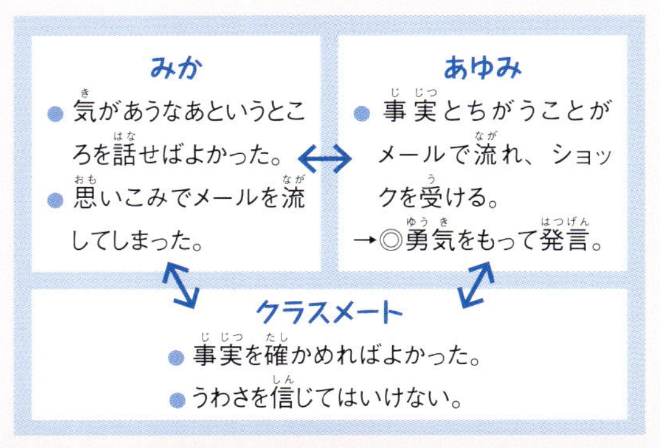

3 みかさんについて、意見交換して話したことや、考えたことを数人が発表し、全体で共有する。

4 まわりのみんなについて、意見交換して話したことや、考えたことを数人が発表し、全体で共有する。

5 あゆみさんについて意見交換して話したことや、考えたことを数人が発表し、全体で共有する。

あゆみさんは先生の言葉が
聞こえないくらいショックを
受けていたんだね。
でもこのままで終わらなかった。
勇気をもってみんなに伝えたんだね。

6 みかさんやまわりのみんなは、どんなことに気をつければよかったか、自分がアドバイスするとすれば、どういうか考えて、ワークシートに書く。

7 みかさんはどんなことを大切にすればよかったか、考えたことを数人が発表し、全体で共有する。

直接思いを伝えれば
よかったと思います。

前の学校で友達がいないと
推測したなら、わたしは、
自分から声をかけて友達になりたいと
考えたらいいと思いました。

拍手

おかしいと思ったら、メールを
だれかが止めればよかったと思います。

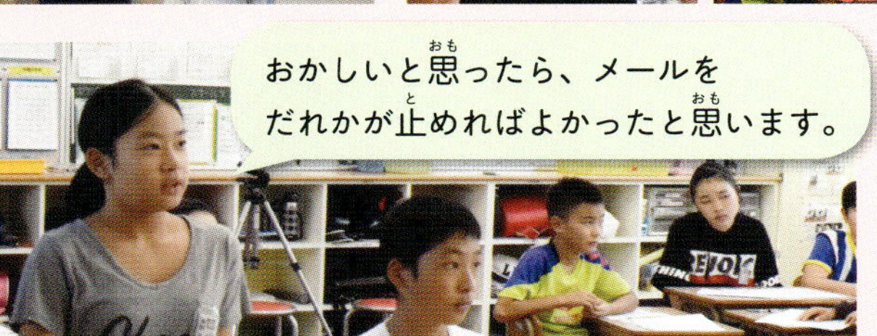

みんな、
できますか？

8 話の続きを想像して、みか、あゆみ、まわりのみんなの演技を数人が発表。そのときの気持ちを考え、よりよい友達関係を築くにはどうすればよいかを考える。

みかさんに謝られて、
あゆみさんは
どう思ったかな？

9 よりよい友達関係を築くにはどんなことを大切にしたいかワークシートに書く。

10 考えたことを数人が発表し、全体で共有する。

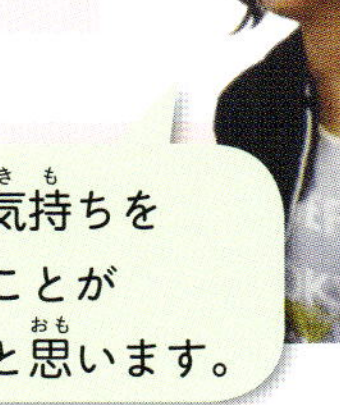

相手の気持ちを
考えることが
大切だと思います。

ワークシートの感想

- よりよい友達関係をつくるには、相手の気持ちを考えることが大切だと思いました。友達と絆を深めたいです。
- 友達関係で大切なことは、事実を確認すること、直接会って話すことが大切だと思いました。友達のうわさを聞いたら事実を確認します。
- きちんと情報を伝えることが大切だと感じました。SNSのこわさを知りました。

いじめの構造を知って、いじめ

いじめにはどんな種類があり、どんな人間関係がいじめを生みだすのか。「いじめる子」「いじめられる子」「まわりの子」それぞれの視点で、「いじめ」を構造的に理解する授業を紹介します。

３つの道徳授業が大切

愛知県の名古屋市立下志段味小学校の竹井秀文先生は、いじめ問題に対応するためには、次の３つの道徳授業をおこなうことが大切だと考えています。

①「いじめ」を構造的に理解する授業
②「いじめ」の根源と自らの生き方を問う授業
③「人間のよさ」にふれ、未来をつくる授業

竹井先生は、これまでのように読み物教材を用いて登場人物の心情を考える授業だけではなく、テーマをあたえ、子どもたちが自分で考えていくことができる「明るい道徳の授業」をめざしています。

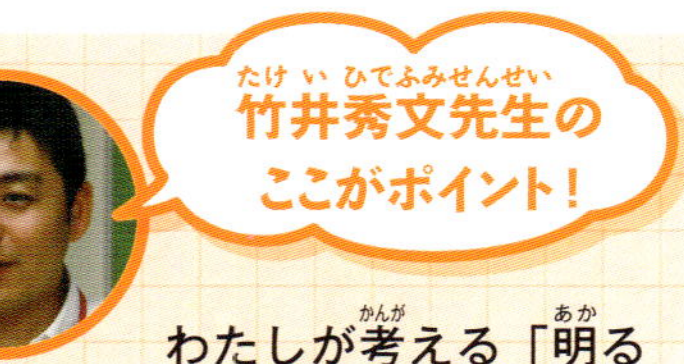

わたしが考える「明るい道徳の授業」とは、自己肯定感を高め、自分にある「やさしさや正しさ」を認める授業です。いじめを解決するためには、豊かな人間関係を築くことが、大切です。自分のよいところに気づき、相手を思いやり、仲間とよい関係をもつことで、いじめ問題を解決する力を育てることができます。

分けへだてなく

「ぼくは、いやなんだ！」
えみにこたえるように、りょうまもさけんだ。クラスがまたざわついた。
「だめだよね。」
「よくないよね。」
つぶやきのような、ささやきのような声が、クラスに広がっていった。

33

「りょうま……。悪かった。」
「りょうま、ごめん。」
プロレスごっこをやっていたメンバーが、次々にあやまりだした。
そのすがたを見て、えみが、みんなの前で話し始めた。
「あやまるぐらいなら最初からやらないで！　どうして、いじめのようなことが、このクラスで起きるの？　こんな思いをするのは、わたしはいやよ。みんなで話し合おうよ！」
どうしていじめが起きるのだろう。何がよくないのだろう。どうしたらいいのだろう。みんなは心の中で考え始めた。

34

をなくす人間関係を考える

小学校4年生

「いじめ」を構造的に理解する

4年生では、いじめとはなにか、いじめの構造について考えます。いじめにはどんな種類があり、どんな人間関係がいじめを生みだすのでしょうか。「いじめる子」「いじめられる子」「まわりの子」それぞれの立場に立って考えることで、どのように解決していけば「いじめ」をなくすことができるのか、その糸口が見えてきます。教材は、読み物「プロレスごっこ」です。

6 分けへだてなく

みなさんは、周りの人に分けへだてなくせっしていますか。
みんなに公平にせっすることの大切さについて、考えてみましょう。

① 次のうち、いじめにあてはまるものはどれでしょう。

いやがることをおしつける。
仲間はずれにする。むしする。
物をかくす。
なぐったりけったりする。
物を取り上げる。
悪口をいう。

② いじめは、なぜよくないのでしょう。

よくないところ

③ いじめをなくすためには、どうしたらよいでしょう。

なくすためには……

◆いじめをなくす方法を、「プロレスごっこ」を学んだあとに、もう一度考えてみましょう。

30

『小学どうとく4 はばたこう明日へ』
（教育出版 平成30年1月20日発行）

教材 読み物 プロレスごっこ

分けへだてなく

プロレスごっこ

最近、雨が長く続いている。休み時間は何をするでもなく、みんな教室ですごしていた。
外で遊べないいらいらが、クラスの男子に広がり、とうとう数人があばれだした。
「おい、りょうま。プロレスごっこしようぜ。」
「ぼく、プロレスきらいだし、あぶないよ……。」
「いいじゃないか。プロレスわざかけさせろよ。友達だろう。」
「おもしろそうだな。おれもやりたい！」
「あ、おれもそのわざかけてみたい。」
あっというまに、男子三人が、りょうまを囲んだ。そして、次々にプロレスわざをりょうまにかけていった。
「いたたた、やめてくれよ……。」
りょうまがさけんだ。

31

りょうまはにげ出したかったが、こわくて体が動かなかった。
「やめなよ。」
しびれをきらした学級委員のえみが声をかけた。
「えみ、なんだよ。おれたちは遊んでるんだよ。何が悪いんだよ。正ぎのヒロインのつもりか。」
「りょうまが、いやがってるじゃない。それ、いじめだよ。」
「いじめ？　なんでプロレスごっこがいじめなんだよ。みんなで楽しんでるんだよ。なあ、りょうま。」
りょうまは、うつむいたまま、なんといっていいかわからなかった。
「ほらね。楽しく遊んでいるんだから、じゃまだよじゃま。しっしっ。」
三人は、プロレスごっこをやめようとしない。
そのとき、えみがさけんだ。
「みんな！　どう思う！　このプロレスごっこ！」
とつ然の大声に、クラスがざわついた。今まで、見て見ぬふりをしていた人も、りょうまを見つめている。
どれぐらい時間がたっただろう……。

32

授業の流れ（45分）

1 先生がいじめの種類を黒板に示す。「どうして、いじめがおきるのか」「いじめは、なぜなくならないのか」全員で問題意識をもつ。

2 先生が「いじめはどうしてなくならないのかな」と問いかけ、教材「プロレスごっこ」（教科書『小学どうとく４ はばたこう明日へ』教育出版）を読みながら、どうすればよいのか考える。

3 先生がいじめの構造を図式化（可視化）して、「いじめる子」「いじめられる子」「まわりの子」それぞれの立場の気持ちを考える。

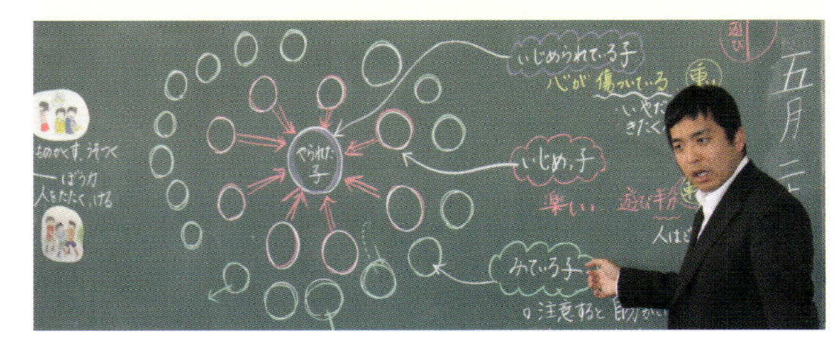

4 どうすれば、いじめ問題を解決できるか、まず自分で考えてノートに記入し、その後、クラスメートと意見交換する。

5 いじめ問題の解決策を発表する。先生は発表者の意見を聞きながら、板書を変えていく。

6 子どもたち自ら、板書に参加して、解決策を自分たちのものにする。

7 最後に黒板の右上の「いじめをなくすには、□することが大切だ!!」の□のなかの言葉を自分で考え、それぞれの心に刻む。

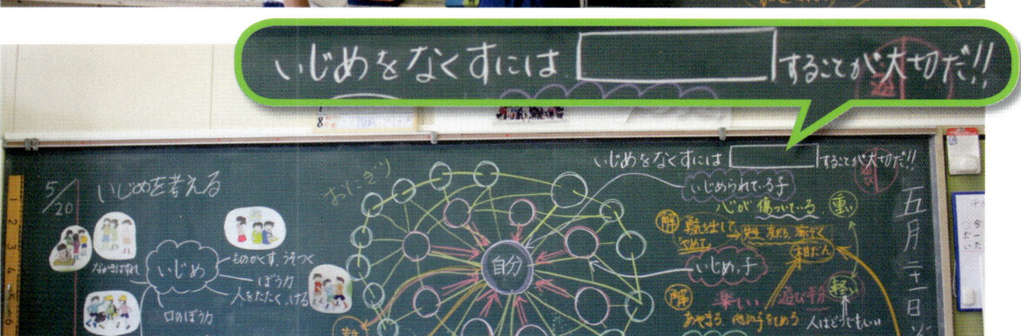

授業ノートのまとめ

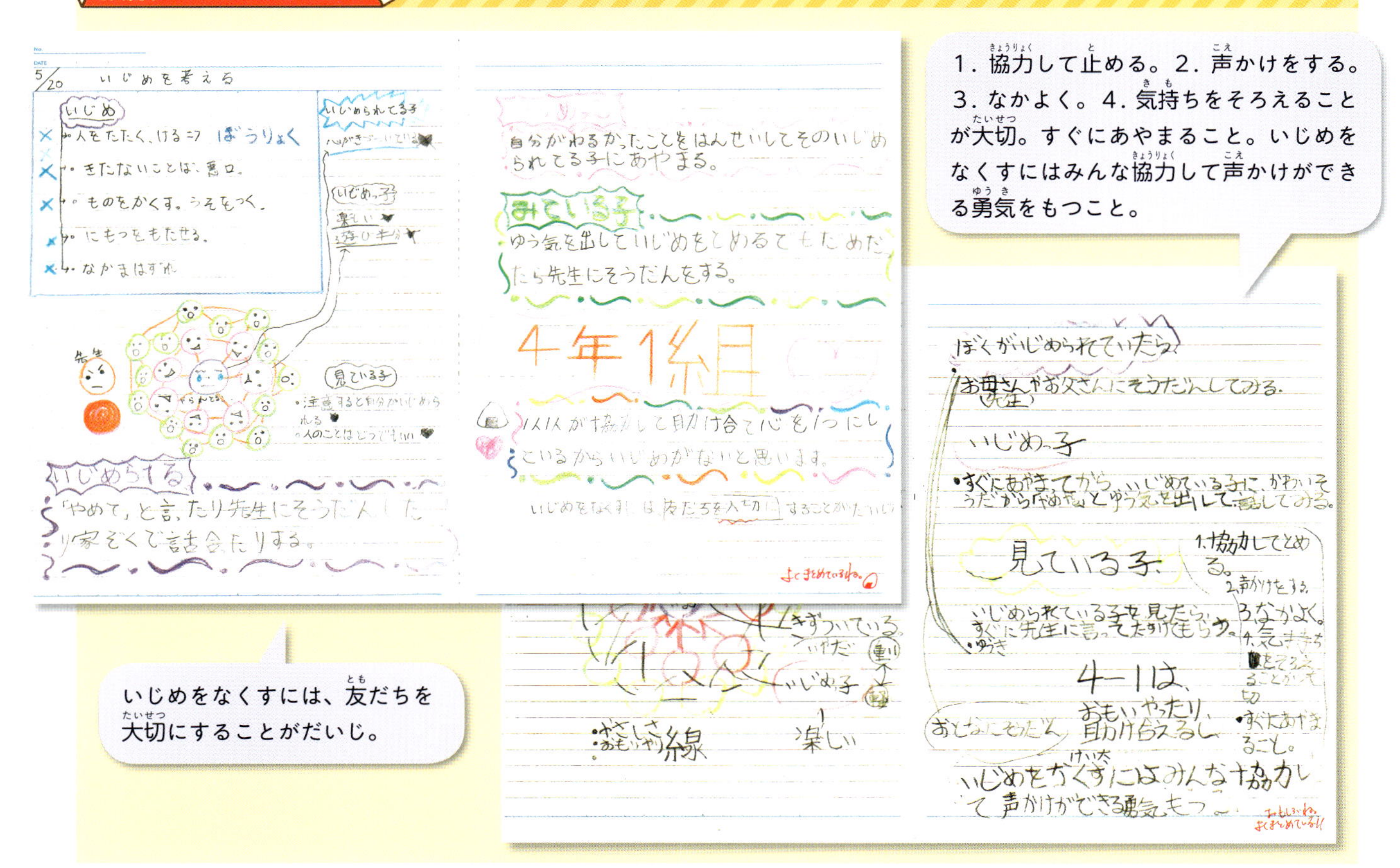

1. 協力して止める。2. 声かけをする。3. なかよく。4. 気持ちをそろえることが大切。すぐにあやまること。いじめをなくすにはみんな協力して声かけができる勇気をもつこと。

いじめをなくすには、友だちを大切にすることがだいじ。

相手の立場に立ち、「思いやり」

福島県の会津若松市立行仁小学校では、「東日本大震災」を題材に、相手の立場になって人を思いやること、自分たちの生活を向上させていくためにどんな行動をしていけばよいか話しあう授業をおこなっています。

東日本大震災

2011年３月11日に発生した巨大地震により、東日本の各地に大きな被害が出ました（東日本大震災）。福島県は、地震とそのあとに発生した津波による被害だけでなく、福島第一原子力発電所の事故によっても、被害を受けました。なかには、避難を余儀なくされただけでなく、放射能に関する誤解から、心ない言葉をかけられた子もいました。この授業では、福島県民として、福島県が置かれている状況を知り、読み物「あのひとことで」を読んで、自分たちにできる行動を考えました。

事前学習

道徳の授業の前に、「福島県環境創造センター」の見学学習や、専門家をまねいての放射能に関する学習をおこない、東日本大震災と福島第一原子力発電所事故について、くわしく学びました。

道徳の授業では、これらについてふり返り、登場人物の気持ちを考えることからはじめました。

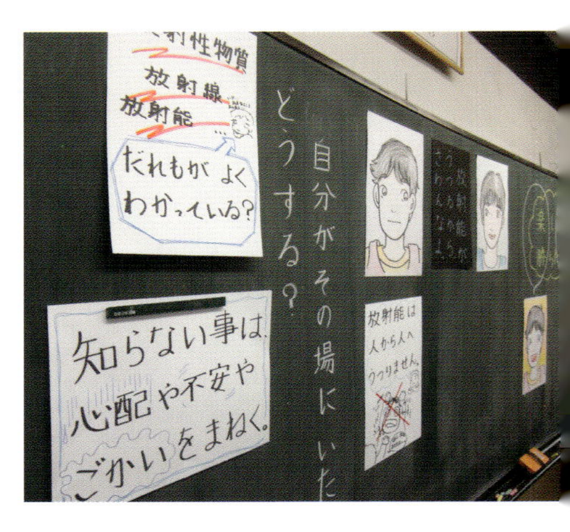

室井美穂先生のここがポイント！

東日本大震災直後、原子力発電所の事故で、福島県に住むわたしたちは、目に見えないものとの生活を余儀なくされました。全国からたくさんの善意が寄せられる一方で、放射能に対する理解不足からの心ないひとことに傷つく人もたくさんいました。事前授業で放射能について学んだあと、読み物「あのひとことで」をつかって道徳の授業をおこないました。役割演技をすることで、子どもたちは一方的に相手の無理解を責めるのではなく、どうしたら自分の気持ちを理解してもらえるのかを考えはじめました。相手の気持ちを思いやる言動は、このような活動の積み重ねから育っていくのだと思います。いまも風評被害に苦しむ人がいることを忘れないためにも、ぜひこの教材を活用していただきたいと思います。

のある行動について考える

小学校４年生

教材 読み物 「あのひとことで」（自作資料）

地震のあと、外での運動を禁止されていたぼくたちは、しばらく休みだったサッカーの練習が始まると聞いて、とびあがってよろこんだ。久しぶりに会う友達とのあいさつもそこそこに、ボールをけり始めた。

久しぶりの校庭で、ぼくたちは夢中になってボールをけった。「やっぱり、外で運動できるのは楽しいし、気持ちいい。」そう思いながら練習をしているうちに、コーチから集合の声がかかった。コーチは、３週間後に、となりの県のチームとの練習試合が決まったことをぼくたちに伝え、「はりきりすぎて、けがをしないように。」と、話をしめくくった。

練習からの帰り、ぼくたちは練習試合の話でもりあがった。地震いらい、外での運動がせいげんされ、家族もいそがしくて、なかなか遠出することもなかったからだ。その日から、練習試合の日が来ることが、とても楽しみで、これまで以上に練習に力が入った。みんな、久しぶりの試合に勝ちたいという気持ちでいっぱいだった。

３週間後、ぼくたちはバスに乗って試合会場に向かった。

グラウンドで、すでに練習を始めているチームもいて、さっそくアップとドリブル練習を始めた時だった。友達のパスが大きくそれ、相手チームの方に転がっていってしまった。ぼくは「すみません！」と、大きな声を出しながら、ボールの方へ走っていった。転がっていったボールは、相手チームのひとりにあたり、もう一度「すみませんでした。」といってボールを拾おうとした。その時「お前たち、福島だろ。放射能がうつるからさわんなよ。」とつぶやいたのが聞こえた。

ぼくは、頭の中が真っ白になって、自分たちのベンチにもどった。それまでのうきうきした気持ちは消え、試合に勝っても気持ちは晴れないままだった。

←登場人物の気持ちを考えるためのワークシート。

授業の流れ（45分）

1 東日本大震災についてこれまで調べたことをふり返ったあと、「あのひとことで」（→p19）を読む。役割演技をしながら、次のように、主人公の気持ちを考える。

- ひさしぶりにサッカーをしたときの気持ち
- 練習試合が決まったことをコーチから聞いたときの気持ち
- 「放射能がうつる」といわれたときの気持ち

2 演じている本人と、見ているまわりの人へのインタビューをおこなう。演者は「やってみてどんな気持ちになったか」、見ていた人は、「見ていてどんな気持ちになったか」を発表する。

3 自分がその場にいたら、どのような行動をとるか、同じチームだった場合と相手チームの場合、それぞれの立場になって考え、グループで話しあう。

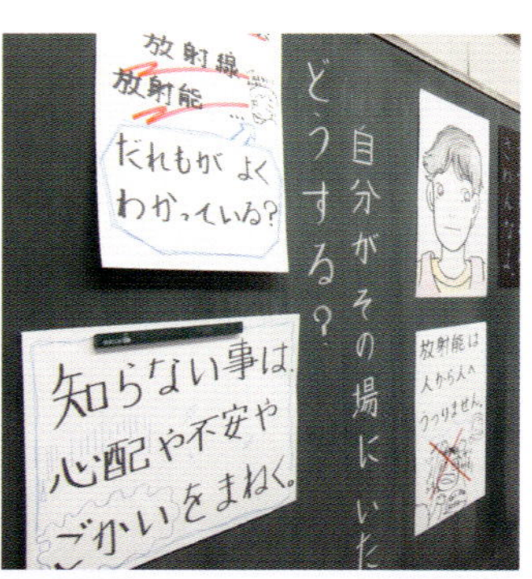

4 思いやりのある行動とはどういうことか、グループで話しあう。

5 友達の発表から考えたことや、自分の意見をまとめる。それをもとに、主人公に手紙を書く。

主人公にあてた手紙より

- 放射能のことをよく知らない人がいやなことをいってきたときは、何回でも教えてあげようと思いました。
- わからないことや不安なことがあったら、大人の人や先生に聞いてほしいと思います。
- 「放射能がうつる」といわれて頭にきたけれど、わからないからそういうのかなと思いました。

道徳教育の授業レポート 4

いじめをしない「心」とは？ いじめられる側・いじめる側の気持ちから考える

小学校6年生

いじめは、いじめられた側にとってはつらい記憶として、
いじめた側にとっても後悔や反省として、何年たっても消えないもの。
「いじめ」はなぜおこり、どうしたらなくなるのか、考える授業を紹介します。

「いじめる側」の気持ち

名古屋市立廿軒家小学校の栁田一帆先生は、いじめの加害者と被害者が、それぞれ大人になってからかかえる気持ちについて取りあげた新聞記事(→p22)をつかって、道徳の授業をしています。「いじめ」について、いじめられる側の気持ち、いじめる側の気持ち、それぞれの家族の気持ち、さまざまな立場に立って考えることで、なぜいじめはいけないのか、いじめをなくすためにはどうしたらよいのかを考えます。

授業の前に自分の思いを書く

授業の１週間前から、人権啓発のポスターを教室に掲示したり、「いじめとけんかの似ているところとちがうところ」を家庭で考える課題を出したりして、「いじめ」について考えを深めておきます。

道徳プリント
名前（　　　　　　）

・**いじめ**と**けんか**のどんなところが　にていますか。
・**いじめ**と**けんか**のどんなところが　ちがいますか。

にているところ	ちがうところ
◦たたきあいや、けりあいをする。 ◦いいあらそいになる。 ◦ちょっとしたことでなる。 ◦無視をする。 ◦人のいやがることを、仲なおりするまでやり続ける。 ◦やっても、やられても、いやな気持ちにしかならずいいことはない。	◦仲なおりをせず、その子がいやがっていることを、ずっとする。 ◦みんなが、見ていない所でやる。 ◦やられている子が自殺まで追いこまれる。 ◦けんかは、ふざけあいでいじめは本気でやる。 ◦いじめは、集団で人のいやがることをする。

書けるだけ　書き出してみましょう。

授業の前に、「いじめとけんかの似ているところとちがうところ」を考えるためのプリントを配り、書いてもらう。

栁田一帆先生のここがポイント！

いじめは、被害者はもちろん、加害者やそれぞれの家族などまわりの人も不幸にすることを実感し、いじめをぜったいに許さないという気持ちを、１人ひとりにもってほしいと思っています。そのために、授業でつかう資料や、事前・事後学習(→p23)にも力を入れています。

クラスでの意見発表のときには、立場ごとに起立し、同じ意見や似ている意見が出たら着席するようにして、児童１人ひとりが自分の考えを示せるように、工夫しています。

教材 新聞記事 「いじめと生きる」（中日新聞）

中日新聞に連載された記事。中学生のころにいじめをしていたある女性が、大人になってからかかえる後悔や苦悩、いじめていた子に「謝りたい」という気持ちを伝えている。

一方、被害者の女性は、「あのころはつらい記憶しかない。思い出したくも顔も見たくもない」という気持ちでいる。

「いじめと生きる」　資料①

連日のように、いじめ問題が大きく報じられていたころ。「いやな記おくを思い出し、つらかった。だれかに打ち明けたかった。」家族にも口にしたことがない、いじめのこと。

小学校6年生のときだから、もう20年も前になる。5人のグループで同じクラスの女の子をいじめていた。自分はリーダーで、いじめの中心にいた。

これといって、いじめるきっかけがあったわけではない。あえて言うなら、仲間に入りたそうなそぶりが「うざかった。」

みんなで女の子を囲み、頭の上でえんぴつをけずって、けずりかすの雨をふらせた。トイレそうじのときには、汚物入れの中の物を投げつけた。

いじめられると、その子はぽろぽろと大つぶのなみだをこぼした、鼻水をすする音にみんなで「きったなぁーい」と笑った。

いつからだろうか。あの泣き顔をはっきりと思い出すようになった。いじめに関するニュースがある日なんかは決まって。自分をせめる気持ちが高まり、なみだがあふれる。

「できることなら、会って謝りたい。」

小学校を卒業するとき、いじめられた少女は引っ越ししてしまって、どこでどうしているのか分からない…。

そんな中、いじめられた少女の居場所を知っているという人が見つかった。

「いじめと生きる②」　資料②

昔のことは水に流して、笑ってあくしゅ。

そんなハッピーエンドは用意されていなかった。

いじめた女性が「会って、いじめたことをあやまりたい」と言っている、と知人を介して伝えた。答えは、「謝ってほしくない。」

いじめられた女性は「今は結こんをし、普通にくらしている。謝りたいという気持ちは分かったが、あのころにはつらい記おくしか無い。思い出したくも顔も見たくもない。」

今では、いじめた女性にも二人の娘がいる。わが子を産んだとき、感じたのは「人生最大の幸せ」だった。

思えば、自分がいじめた少女の泣き顔を思い出すようになったのはそのころから。

「もし、自分の子どもがいじめられたら…。」

本当に大事な存在ができてようやく、自分が彼女にしたことの重さに気が付いた。

はげしい反省をきっかけに、相手に伝わった謝りたいという気持ち。身勝手なことは分かっているが、「気にしていないよ」と言ってほしい…。

しかし、それは受け入れられなかった。

長い年月が流れた。だが、いじめられた人間には思い出したくない経験として、いじめた人間には深いこうかいとして、いじめはまだ、息をしている。

授業の流れ（45分）

1 いじめの歴史について知る。クイズ形式で、20年前（当時先生と同じ年であった中学生がいじめを苦に自殺したこと）、300年前（江戸時代に身分差別された人がいたこと）、1000年前（『万葉集』のなかに、役人が農民をいじめる話が出てくること）などについて、紹介する。

2 新聞記事「いじめと生きる」を読み、いじめの加害者と被害者が、時間がたちそれぞれ大人になったときの気持ちについて考える。加害者は自分がしたことを反省し後悔していること、被害者はいつになっても許せないことなど、それぞれの立場に立って考える。

3 いじめとけんかをしたことがあるか、自分自身をふり返る。また、事前学習で考えた、いじめとけんかの似ているところとちがうところについて話しあう。

いじめと けんか
にている
・怖い
・きずつく
・小さなきっかけ
・言い合う
・いやな思い
・してはいけない
・無視
・関係が悪く
・1対1でも
・一生なおらない
・相手がいる
・人との争い
・後かい
・やりすぎると
・相談しづらい
・ひどくなっていく
・幸せにならない
・にくむ
ちがう
・集中的に
・やり返さない
・心と体
・きづかない
・一方的とお互い
・長い期間
・あやまる
・仲良くなれない
・表情
・原因がない
・ニュース
・自殺まで
・悪口

4

1～3をふまえ、いじめをなくすことができるか、できないかを各自で考え、記述する。その後、全体で意見を交換する。自分と同じ立場やちがう立場の意見のなかで、よいと思った考えや自分になかった考えを、プリントにつけたしていく。

道徳プリント

（9）月（22）日　（金）曜日

名前（　　　　）

いじめは、（無くせる　　　）と思う。

人間には、自分で考えて行動をするという事が出来るから1人1人がきをつけていれば、いじめは、無くせると思うし、たとえわるい事をしても、いつか自分に、いじめてやるとは あまり考えないようにするという事が人間には出来ると思う。

いじめをした人も、自分で考えて行動しているから、よく考えて行動すれば、いじめは無くなると思う。

よく考えて行動する。

もしもだれかをいじめてみたいと思ったらなぜそう思ったのかをよく考えて注意すればいじめは無くなる。

いじめになったキッカケが小さいうちに、いじめにならないようによく考えていじめがおこらないようにする。

なるほどと思った友達の意見や付け足し

○思いやり　○さべつをしない

○声のかけ合い

○だれかをいじめるような事をした人には、やさしく声をかける。

5

授業全体をふまえ、「人間のなかにどんな気持ちがあれば、いじめをなくすことができるか」、また「どんな気持ちがあるから、いじめはなくせないか」解決策を考える。

6

事後学習として、自分がいじめの被害者や加害者になったらどう思うか、家庭で家の人と話しあう。

家でも　道徳　考えてみよう

（9）月（22）日　（金）曜日

名前（　　　　）

1．今日の道徳で学んだことを、もう一度じっくり考えてみよう。
新しく知ったこと、自分の考えたこと、特に印象に残った友達の意見などを書こう。

いじめは何年も前からあり、いじめをされた側もした側もどちらもいたい思いをすることをしりました。された側はあやまってほしくないと言っていたけど、本当はあやまってほしいと思っていると思うしいじめもしてほしくなかったと思います。いじめは絶対したくないと思いました。

2．今日の道徳で学んだことを、家の人と話してみよう。
話し合ったことや、なるほどなと思った家の人の考えや意見などを書こう。
特に、自分の子どもが、いじめの被害者や加害者になってしまったらどんなことを思うか聞いてみよう。

いじめてしまう人は、自分が満たされてなかったり、いやなことがあったりすると人にあたってしまうのかなと思いました。いじめるがわにもいじめられているがわになっても悲しくなる。

3．今日学んだことを、これからの自分にどういかしていきたいか書こう。

人がうざかったりにくむ気持ちがあっても自分がいやなことは他人には絶対やらず、相手の良いところを見つけたいです。そして、いじめをしていたらやさしく注意してこの世からいじめをなくしたいです。今日の授業でわかったように努力をしていきたいです。

＜先生から＞

家でも　道徳　考えてみよう

（9）月（22）日　（金）曜日

名前（　　　　）

1．今日の道徳で学んだことを、もう一度じっくり考えてみよう。
新しく知ったこと、自分の考えたこと、特に印象に残った友達の意見などを書こう。

私は、いじめはそんなに昔からはないと思っていたけど、けっこう昔からあってびっくりしました。それに、いじめを無くせるといった■■ちゃんはとてもやさしい心をもってんだなあ、すごくやさしいなあと思いました。

2．今日の道徳で学んだことを、家の人と話してみよう。
話し合ったことや、なるほどなと思った家の人の考えや意見などを書こう。
特に、自分の子どもが、いじめの被害者や加害者になってしまったらどんなことを思うか聞いてみよう。

・心配になり、心が痛い。どうしてそうなったのか、されるのか自分で勇気だして聞いてぶつかってってほしい。

・同じく心配になるし、心が痛い。どうしてそうするかすやっぱり怒るかな。

3．今日学んだことを、これからの自分にどういかしていきたいか書こう。

やっぱり、いじめた人もいじめられた人も最後は両方ともいやな思い出ができるんだなと思ったから、いじめている人をみたらダメだよとか注意できるようにしたいと思いました。

＜先生から＞

授業の感想・学んだこと

- いじめた人もいじめられた人も最後は両方ともいやな思い出となるんだと思いました。
- いじめをしている人がいたら優しく注意して、この世からいじめをなくしたいです。

家の人の考え

- （自分の子どもが）いじめの被害者だったら心配です。加害者だったら同じく心配になるし、心がいたいです。
- （自分の子どもが）いじめる側にもいじめられている側になっても悲しくなります。

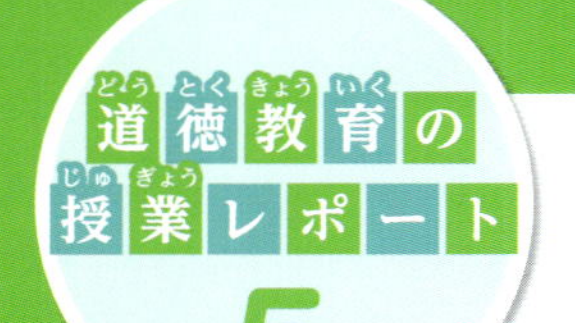

SNSのいじめの映像を見て、

クラスでSNSのいじめがおきたときに、
いじめを止めるために自分は行動できるのか？　自分ならどうするのか、
クラスメートと意見交換をして考える授業を紹介します。

いじめの予防や解決方法を考える

福島県の郡山市立郡山第五中学校では、1年生がSNSのいじめを題材にした映像「私たちの選択肢」（著作：千葉大学教育学部藤川研究室）を見て、自分がいじめを傍観している主人公（光さん）だったら、クラスの雰囲気を変えるために、なにか行動できるか話しあいました。

「私たちの選択肢」は、メディアリテラシー教育やいじめに関する研究などをおこなっている千葉大学の藤川大祐教授を中心に開発された教材です。希望する学校などには、DVDと教材冊子が配布されます。

『私たちの選択肢 利用の手引き』。ストップイットジャパン株式会社のサイトからPDF版を見ることができる。

クラスの雰囲気がいじめを止める

映像を見たあとは、ワークシートの気持ちメーターに「とてもできる」のか「まったくできない」のか自分の気持ちを示し、その理由を話しあいました。そして、クラスがどんな雰囲気なら自分から「やめよう」といえるのか、意見交換が盛んにおこなわれました。

星美由紀先生のここがポイント！

いじめは複雑な問題です。いじめの加害者、被害者、さまざまな立場で問題を考えることができるように、授業前に３日間にわたり新聞記事を読んで考える活動をしました。「いじめから20年がたち、いじめを謝罪したい加害者」「謝罪を受けたくない被害者」「個性を輝かせることでいじめを乗りこえた体験談」の３つの記事です。新聞を読んだ感想を紹介することから、この授業をはじめました。正直なところ、わたしの想像をはるかにこえた考えや発言も多かったです。道徳の授業でなにかを教えよう、というよりは、この問題についてあなたの考えを教えてほしい、という思いで教室に立つわたしにとっても考えさせられる授業でした。

自分は行動できるか考える

中学校１年生

教材　映像資料「私たちの選択肢」

主人公は中学１年生の光さん。内気な性格で人と話したり、SNSのグループトークに書きこんだりするのは苦手です。あるできごとをきっかけに、クラスのグループトークにお調子者の松尾くんの悪口が書きこまれるようになり、内容もエスカレートしていきます。次第にネットのなかだけでなく、学校でも松尾くんを陰で笑う人が増えていきます。

いじめを見ていた光さんは「だれかが止めないと」と考えますが、「自分が無視されるのがこわくてみんな止められない」と友人にいわれ悩んでいます。このままだとクラスの雰囲気はどんどん悪化していきます。あなたならどうしますか？

道徳授業の記録　　　月　　日　　　資料【　私たちの選択肢　】

年　　組　　番　氏名

◆あなたが光さんの立場だったら、クラスの雰囲気を変えるために、なにか行動できると思う？自分の考えを、気持ちメーターにあらわすなら、どれくらいの位置？
〇をつけてみよう。

とてもできる ━━━━━━━━━━━━━━━━ まったくできない

※気持ちメーターを↑のように考えた理由を、フセンに書いてみよう。

☆フセンには
必ず名前を書こう！

◆ふだん、クラスがどんな(　　　　　　)なら、自分から「やめよう」と言える？

◆今日の話し合いを通して学んだこと、これから自分がやってみたいこと、やれそうなことを書いてみよう。

◆授業のふり返り

ふりかえりの視点	今日の自分にあてはまるものを〇で囲もう
①今日の授業に意欲的に取り組むことができた。	とてもできた　まあまあ　あまりできなかった　できない
②以前より、自分の考えを深めることができた。	とてもできた　まあまあ　あまりできなかった　できない
③「自分ならどうか」と考えたり、自分の経験を思い出したりして、自分についての理解を深めることができた。	とてもできた　まあまあ　あまりできなかった　できない
④友達の色々な見方・考え方を知ったり、ふれたりすることができた。	とてもできた　まあまあ　あまりできなかった　できない
⑤「これから～していきたい」という気持ちをふくらませることができた。	とてもできた　まあまあ　あまりできなかった　できない

↑映像を見たあとに、ひとり１枚配布する「道徳授業の記録」。

授業の流れ（50分）

1 映像資料を見る（約11分）。

2 自分が主人公の立場だったら、クラスの雰囲気を変えるためになにか行動できるか、ワークシートの気持ちメーターに示し、その理由をふせんに書く。

3 黒板の気持ちメーターに自分の名前のシートをはる。

4 黒板の気持ちメーターでクラスのみんながどのように考えているか共有。自由に立ち歩き、自分が考えを聞いてみたいクラスメートと意見交換する。

5 意見交換して話したことや、考えたことを数人が発表し、全体で共有する。

6 ふだんクラスがどんな雰囲気なら自分から「やめよう」といえるか、近くの人と話しあい、自分の考えをワークシートに記入する。

7 意見交換して話したことや、考えたことを数人が発表し、全体で共有する。

8 今日の話しあいを通して学んだこと、これから自分がやってみたいこと、やれそうなことを近くの人と話し、ワークシートに書く。

ワークシートの感想

- 自分も大事だけど、いじめられている人の方が、自分を忘れて大切じゃない（自分なんかいなかったらいい）気持ちになると思うから、そんな人を助けて仲間にしたいです。
- もし大きな行動をおこせなくても陰で支えることぐらいならできるから、いじめを見つけたら少しでも自分にできることをするのが大切だと思いました。
- もしいじめられても、なにか打ちこめるものが見つかればそれを通じて仲間が増えるかもしれないと思いました。
- いじめはよくないけど、いじめがおきてしまったら、みんながもう少し大人になったほうがいいと思いました。仲のよい友達がいじめられていたら助けてあげようと思いました。
- いじめてる人よりそれを見て笑っている第3者の方がひどいと思います。自分から声をかけて助けてあげたいです。

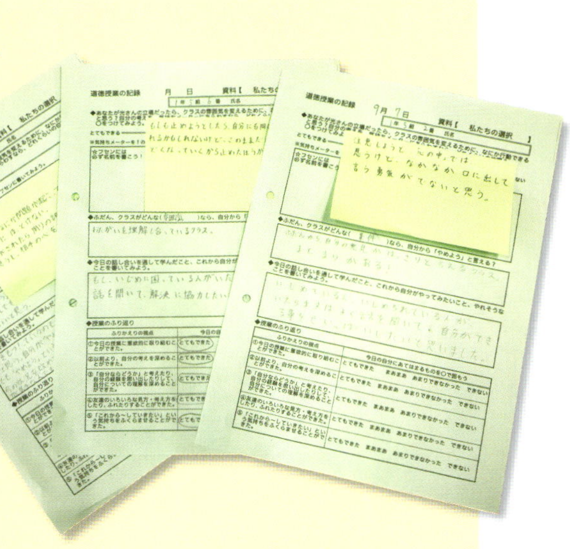

からかっただけなのに？

「からかっているだけ」がなぜいじめになるのか、いじめを防ぐために自分自身との関わりのなかで考え、理解する授業を紹介します。

これはいじめなの？

東京都の武蔵村山市立第八小学校では、6年生が読み物「からかっただけなのに…」（『みんなで考える道徳 5年』日本標準）を読んで話しあいました。「ぼく」の目で見た掃除中の出来事を通し、いじめられている子、いじめている子、教師、いじめではないと思っている「ぼく」をふくめた学級の集団との関係を考えました。

自分の問題としていじめを考える

嶺井勇哉先生は、日常生活のなかで、いじめているつもりはなくても、自分の言動や行動が相手にいやな思いをさせているかもしれないと気づくことが大切だと考えています。

授業では、登場人物の役割演技を通して、「ぼく」の心のなかの葛藤を、自分の問題として1人ひとりが考えました。

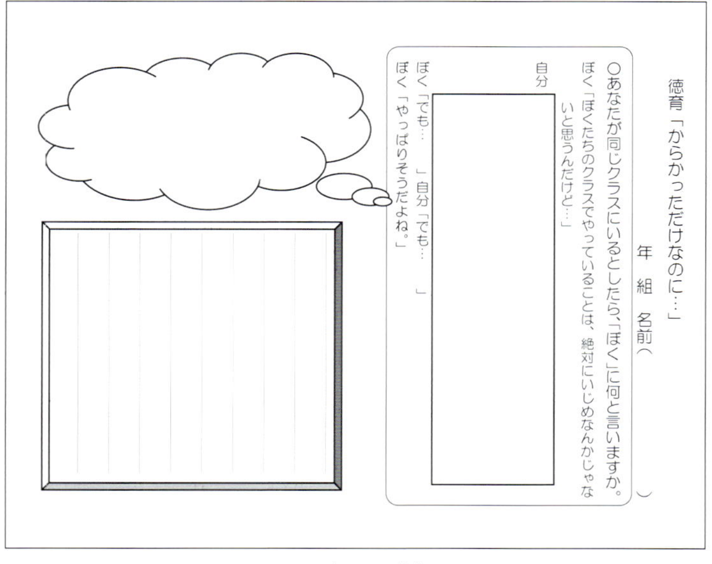
徳育「からかっただけなのに…」　年　組　名前（　　　）

○あなたが同じクラスにいるとしたら、「ぼく」に何と言いますか。

ぼく「ぼくたちのクラスでやっていることは、絶対にいじめなんかじゃないと思うんだけど…」

自分

ぼく「でも…　」自分「でも…　」

ぼく「やっぱりそうだよね。」

「からかっただけなのに…」を読んで考えるためのワークシート。

嶺井勇哉先生のここがポイント！

悪いことだとわかっていても、いじめがなくならないのはなぜでしょうか。いじめは、いじめている子といじめられている子だけでおこることではありません。まわりの人の行動によって、防ぐことができたり、深刻な問題になったりすることもあります。いじめを防ぐための第一歩は、1人ひとりがいじめを自分自身との関わりのなかで考えることです。

この授業は、「からかっているだけ」が、なぜいじめになるのかを考え、体験的に理解することを通して、日常生活のなかのちょっとした判断や言動がいじめにつながることを自分自身の問題として考える授業です。

身近ないじめを自分自身の問題として考える　小学校6年生

教材　読み物　「からかっただけなのに…」

　ある日のそうじ時間。いつものようにろうかをはいていたぼくは、大きな声が気になって近くのトイレに行ってみた。中にいたのは広大君、海星君、幸太君。広大君はバケツを頭にかぶっている。その姿を見て海星君と幸太君が笑っていたのだ。ぼくも思わず笑ってしまった。そのうち海星君と幸太君は広大君にほうきを持たせ、はりつけのようなかっこうをさせて、

「はーい、ぼくはかかしでーす。」

　と言った。広大君は聞き取れないくらい小さな声で、

「はーい、ぼくはかかしです。」

　と言った。

　そこへたんにんの山本先生が通りかかり、

「何してるの。」

　と、大きな声で言った後、きびしい顔で三人を連れて行った。

　バケツを取った広大君の顔は赤くなり、目の周りも赤くなっていて、いっしゅん泣いているのかとも思ったが、海星君と、幸太君にはさまれて先生についていくとき、舌をべーっと出した海星君の様子を見て笑っていたのでぼくのかんちがいなのだろう。

　しばらくして、教室にもどってきた海星君と幸太君は、ぶすっとした顔で話している。その横で広大君はうつむいている。

「何だ、ちょっと遊んだだけじゃないか。」

「そうそう、何でいじめたことになるんだろう。」

「ふざけて、かかしごっこしてただけじゃないか。なあ、広大！」

「そうそう、広大も笑っていたよなあ。」

　あの後、三人は先生に相談室に連れて行かれ、事情をきかれた後、二人が広大君をいじめているときびしくしかられたらしい。

　二人の不きげんな声を聞いた、何人かの男の子が二人を取り囲み、

「いじめ、いじめってうるさいよなあ。」

「ちょっとからかっただけなのにねえ。」

　などと口々に言っている。そこへ先生が入ってきたのでみんな席についた。

　広大君は、おとなしく、特に仲のいい友だちはいない。時々みんなにからかわれている。そんな時、なみだをうかべていることもあるが、「やめてくれ！」なんて言ったこともないし、みんなといっしょに笑っていることもある。みんな、別に、たたいたり、けったりしているわけでもないし、それはやっぱりいじめじゃないと思う。先生は、何かいじめということに、ぴりぴりしすぎているんじゃないだろうか。

　海星君と幸太君は友だちのいない広大君と遊んでやっているのだし、みんなも二人のやっていることを見て、楽しんでいる。時々、ちょっと広大君をからかっているだけなのに。ぼくたちのクラスでやっていることは、絶対いじめなんかじゃないと、ぼくは思うんだけど……。

大西節子作『みんなで考える道徳 5年』（日本標準）より

授業の流れ（45分）

1 「いじめ」とはなにか考え、黒板に書きだして共有する。

2 教材「からかっただけなのに…」を読んで、もし同じ場面に出会ったら、自分だったらどうするか考えてワークシートに記入し、その後友達と意見交換する。

3 ペアで役割演技をして、自分の問題として考える。

4 役割演技をしてみて、思ったことや気づいたことを発表する。

いじめを見ている
まわりの人の行動も
大切だと思いました。

ちょっとしたことで
からかうことも、やっぱり
ダメだと思いました。
でも実際にいうのは
むずかしいです。

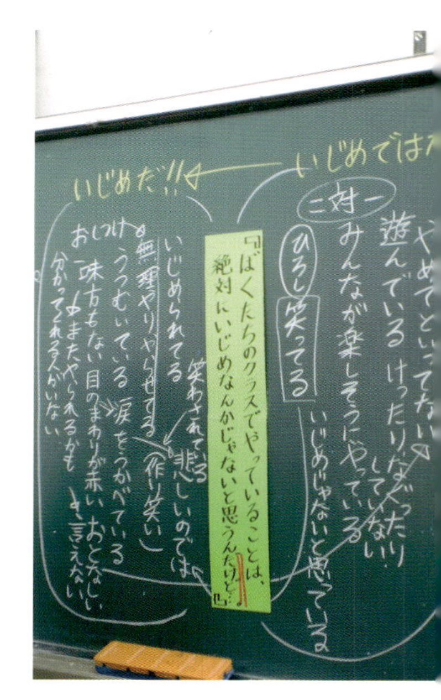

授業の感想

- 相手の気持ちを考えて行動することが大切だと思いました。
- いえないときもあると思うので、そのときは友達や家の人や先生に相談したいです。

さくいん

あ行

か行

さ行

た行

な行

は行

ま行

や・ら・わ行

監修

貝塚　茂樹（かいづか　しげき）

1963年茨城県生まれ。筑波大学大学院博士課程教育学研究科単位取得退学。博士（教育学）。専門は日本教育史、道徳教育論。国立教育政策研究所主任研究官等を経て現在、武蔵野大学教授。放送大学客員教授。著書に『戦後教育改革と道徳教育問題』（日本図書センター）、『教えることのすすめ』（明治図書）、『道徳の教科化』（文化書房博文社）、『天野貞祐』『特別の教科 道徳Q&A』（共著）（ともにミネルヴァ書房）ほか多数。

著者

稲葉　茂勝（いなば　しげかつ）

1953年東京都生まれ。大阪外国語大学、東京外国語大学卒業。子ども向けの書籍のプロデューサーとして多数の作品を発表。自らの著作は『世界の言葉で「ありがとう」ってどう言うの？』（今人舎）など。国際理解関係を中心に著書・翻訳書の数は80冊以上にのぼる。2016年９月より「子どもジャーナリスト」として、執筆活動を強化しはじめた。

編集・デザイン

こどもくらぶ（長野絵莉・関原瞳・長江知子）

企画・制作

㈱エヌ・アンド・エス企画

写真協力

P5：© sumire8-Fotolia.com

取材協力（五十音順／敬称略）

木下美紀
竹井秀文
星美由紀
嶺井勇哉
室井美穂
栁田一帆

この本の情報は、2018年１月までに調べたものです。
今後変更になる可能性がありますので、ご了承ください。

シリーズ・道徳と「いじめ」
③しっかり取りくもう！「モラル・コンパス」をもつ

2018年３月30日　初版第１刷発行　〈検印省略〉

定価はカバーに
表示しています

監修者　貝塚茂樹
著　者　稲葉茂勝
発行者　杉田啓三
印刷者　藤田良郎

発行所　株式会社　ミネルヴァ書房
607-8494　京都市山科区日ノ岡堤谷町１
電話 075-581-5191／振替 01020-0-8076

印刷・製本　瞬報社写真印刷株式会社

ISBN978-4-623-08263-6
NDC370/32P/27cm
Printed in Japan